Anonymous

# Eigentliche Beschreibung des Görlitzischen Heiligen Grabes

Anonymous

**Eigentliche Beschreibung des Görlitzischen Heiligen Grabes**

ISBN/EAN: 9783337321345

Hergestellt in Europa, USA, Kanada, Australien, Japan

Cover: Foto ©ninafisch / pixelio.de

Weitere Bücher finden Sie auf **www.hansebooks.com**

Eigentliche

# Beschreibung

Des Görlitzischen

## Heiligen

# Grabes

So wohl

vermittelst einer richtigen in
Kupfer gestochenen

# Vorstellung

Als auch folgender zulänglichen

# Nachricht

Von dessen anfänglicher Stiftung und
bisheriger Erhaltung.

---

GOERLIZ,
Zu finden auf dem Heiligen Grabe, 1765.

Christen sollen ihres Heylandes Tod
und Auferstehung allezeit vor Augen und im Hertzen habeu. Darum
braucht auch der Apostel Paulus
2 Timoth. 2, 8 gegen einen jeden
Liebhaber seines Heylandes diese
Worte: Halt im Gedächtniß JEsum Christum,
der auferstanden ist von den Todten. Ob nun
wohl zu diesem Andencken die Glaubens-Augen unsers
mit unserm Heylande verknüpften Gemüths das meiste
beytragen müssen: so ist doch der Dienst der Leibes-Au-
gen keinesweges davon ausgeschlossen. Wenn die Lei-
bes-Augen etwas äußerliches zur Erinnerung des Todes
und der Auferstehung CHristi veranlassendes ansichtig werden; sind sie gleichsam Wecker, welche die Gemüths-
Augen zur Beobachtung ihrer Schuldigkeit ermuntern.
Zu dem Ende hat die Kirche allerhand Gelegenheit gesu-
chet, das Gedächtniß des Todes und der Auferstehung
CHristi dem Gesichte ihrer Glieder nicht allein durch
Schriften, sondern auch durch Bilder, oder andere hier-
zu dienliche Kunst-Wercke vorzustellen. Und mit dieser

Absicht

Abſicht war ſie ſonderlich zu Zeiten Kayſers Conſtantini M: bey dem angehenden vierten Jahrhunderte nach Chriſti Geburth beſchäftiget. Denn da dieſer löbliche Kayſer die Chriſtliche Religion ſelbſt öffentlich bekannte, und daher auch den Chriſten, ſeinen Glaubens-Genoſſen, öffentliche Gottes-Häuſer einräumete: bemühete ſich ſeine gottſelige Frau Mutter, Kayſers Conſtanti Chlori hinterbliebene Gemahlin, Helena, abſonderlich die durch Chriſti Geburh und Wunder-Wercke, zuförderſt aber Tod und Auferſtehung, zu unvergeßlichem Andencken geheiligten Derter mit ſolchen Gebänden zu bemercken. Unter dieſen Gebänden war nun die Kirche des Kripp-leins Chriſti zu Bethlehem, und das Heil. Grab zu Jeruſalem, die vornehmſten. An dem erſten Orte brachte der fromme Kirchen-Vater, Hieronymus, aus brünſtiger Liebe zu ſeinem Heylande, die meiſte Zeit ſeines Lebens zu. Den andern aber beſuchten nicht allein die Orientaliſchen, ſondern auch Occidentaliſchen Chriſten in ſehr großer Menge. Wiewohl, viele trieb mehr eine aberglänbiſche Werckheiligkeit, als wahre Pietät, zu einer ſolchen Wallfahrt an. Darum verhieng GOtt auch, daß ſich nachmals die Saracenen dieſer Heiligen Derter bemächtigten, und nicht uur die wallfahrtenden Chriſten mit vielen Geldforderungen überſetzten; ſondern auch, durch ihre ſtreiffende Partheyen, die Wege gar unſicher und gefährlich dahin machten. Nun ward zwar, dieſem Unheil abzuhelffen, im XI. Seculo der Ritterliche Johanniter-Orden geſtiftet, und dergeſtalt den nach dem Heil. Grabe wallfahrtenden Chriſten eine zuverſichtliche Convoy verſchafft: auch im folgenden Seculo die Stadt Jeruſalem den Saracenen in dem erſten Heil. Zuge, unter tapferer Anführung des Lotharingiſchen Hertzogs Gottfried von Bouillon, gar aus dem Rachen geriſſen: Allein die chriſtlichen Könige zu Jeruſalem konnten ſich bey keinem ruhigen Beſitz der Heil. Derter erhalten. Und die Saracenen verunruhigten hierauf nicht nur die Straſſen ſo, daß die Chriſten, den benöthigten Convoy der Pilgrame zu verſtärcken, einen neuen Ritter-Orden der Tempel-Herren zu ſtiften genöthigt

nöthigt würden; sondern brachten auch Jerusalem gar
wiederum in ihre Gewalt. Hiermit ward der Paß zum
Heil. Grabe noch mehr versperret: also, daß sich nie-
mand seine Wallfahrt ungehindert auszuführen trauen
durfte, obgleich auſſer den bereits angeführten zwey
Ritter-Orden, noch der dritte, der Deutschen Herren oder Creutz-Herren, allen Fleiß anwendete, solche Pilgraime durch das gelobte Land an die verlangten
Oerter zu begleiten. Weil nun solchergestalt die Wallfahrt nach dem Heil. Grabe, von einem Seculo zu dem
andern, immer beschwerlicher und gefährlicher ward: und
gleichwohl die fromme Einfalt sich von der Besuchung und
Beschauung solcher Denckmaale des Todes und der
Auferstehung CHristi, wegen der nach demselben Zeit-
lauf eingesogenen Meynung, nicht abhalten laſſen wolte,
fiel man auf den Anschlag: ob man nicht die Sehnsucht
solcher Leute, in Ermangelung des Originals, durch ein
Nachbild in etwas stillen, und an einem oder andern Orte, gleichsam ein Nachbild des zu Jerusalem befindlichen
Heil. Grabes, bauen könnte? Und auf solche Weise
ist auch Görlitz zu seinem bis auf diese Stunde noch im
völligen Bau erhaltenen Heiligen Grabe gekommen.
Sein Stifter und Erbauer war Herr George Emerich,
ein Mann, den seine gründliche Erudition in groſſen
Ruhm gebracht, sein Glück aber mit ansehnlichen Reich-
thum versehen hatte. Denn er besaß nicht nur sieben
schöne Häuser in der Stadt, sondern auch die Land-
Güther Schönberg, Halbendorff, Stoltzenberg,
Heydersdorff, Tielitz, Nickrisch, Hermsdorff,
Leopoldshayn, Sercha, Sohra, Neundorff,
Lissa, Jodel und halb Leschwitz. Ja er hinterließ
seinen 12. Kindern, nach seinem Tode, auſſer diesen liegenden Gründen, besage der Jahrbücher und anderer
noch vorhandenen Urkunden, am baaren Gelde 31200.
Ungarische Gulden. Daher ist von ihm an unterschied-
lichen Orten Vermuthung entstanden, er sey in der Gold-
macherey so weit gediehen, daß er ein Adeptus worden,
und zu so gar groſſen Guthe dadurch gelanget sey. Ge-
stalt denn auch unterschiedene der Herren Medicorum ein

Colle-

Collegium Chymicum des seligen Leipzigischen Professoris, Herrn Doct. Michaelis, aufzuweisen haben, darum obgedachter Herr George Emerich, mit ziemlich scheinbaren Gründen, vor einen solchen Adeptum ausgegeben wird. Diesem sey aber, wie ihm immer wolle: so ließ doch dieser reiche Mann darinnen eine große Klugheit sehen, daß er seines ihm von GOTT bescherten Mittel nicht zu unnöthigen Dingen anwendete; sondern vielmehr seinen Nahmen, durch Aufrichtung und Stiftung allerhand nützlicher öffentlicher Gebäude, ein unvergeßliches Andencken zu stiften beflissen war. Darum entschloß er sich auch, einen Theil seines Vermögens zu Erbauung eines, dem zu Jerusalem befindlichen, und damals noch mit großer Gefahr und Kosten zu besuchen gewöhnlichen Heiligen Grabe ähnlichen Gebäudes anzuwenden, und deßwegen in eigener Person eine Wallfahrt dahin zu thun. Diesen seinen Vorsatz zu beschleunigen, reitzten ihn die damals bey der Cron Böhmen unter dem, den Hußiten zugethanen, hingegen aber bey der Römisch-gesinnten Parthey höchst verhaßten, ja mit dem Päbstlichen Bann angesehenen Könige Georgio Podiebrad, sich äusernden weit aussehenden Unruhen. Diesen wünschte er mit guter Manier zu entgehen, und trat also seine Wallfahrt Ao. 1465. im 43. Jahre seines Alters, in Begleitung eines Mahlers, Baumeisters und Laquayens, würcklich an. So bald er in Venedig angelanget, stieg er daselbst zu Schiffe, und setzte glücklich über das Adrianische und Jonische, wie auch Mittelländische Meer. So bald er zu Alexandria ans Land gestiegen, und von dar aus in zulänglich sicherer Gesellschaft seine Reise bis ins gelobte Land fortgesetzet; besahe er, gebräuchlicher Art nach, die Heil. Oerter insgesamt; und ließ sich den 11 Julii von dem Guardian des Minoriten-Klosters an dem Fuße des Berges Sions vor Jerusalem, besagt des ihm über diesen Actum ertheilten Freyheits-Briefes, zum Ritter des Heiligen Grabes schlagen. Weil er nun gesonnen war, bey seiner Rückreise in sein Vaterland eine Nachbildung des dazumahl in Jerusalem befindlichen Heiligen Grabes nachbauen zu lassen; ließ er seinen bey sich habenden

Mahler

Mahler iedes Stück des Gebäudes nach dem Perspectiv abreissen, auch den Werckmeister, sowohl die Distanzen eines Werckes von dem andern, als auch eines ieden Höhe, Länge und Breite, sorgfältig messen, und in gehörige Grund-Risse bringen. So bald er nun wiederum glücklich anher gelangte; suchte er sich ausserhalb der Stadt einen Platz aus, der mit der Gegend in den heutigen Jerusalem eine Gleichheit hatte. Nach vielem Suchen und Bedencken meynete er einen solchen Platz vor dem Nicolai-Thore, ausserhalb der äusersten Nord-Westwärts gelegenen Vorstadt, welche von der andern Vorstadt durch das sogenannte Creutz-Thor abgesondert wird, auf der rechten Hand im Herausgehen, gefunden zu haben: Denn daselbst schien ihm das sich von Norden gegen Süden, und von dar wieder bey der Stadt-Mauer vorbey gegen Osten krümmende Flüßlein, die Lunitz, den Bach Kydron: die Haupt-Kirche zu St. Petri und Pauli das Richthaus Pilati: der an oben benahmten Orte auf einer ziemlichen Höhe von Süden gegen Norden 40. Schritte in die Länge, und 20. Schritt in die Breite liegende Gärte, den Berg Calvariä nebst der dazu gehörigen Gegend; und der dahinter Nord-Ostwärts liegende Hügel den Oelberg, einiger massen vorzustellen, bequem zu seyn. Darum entschloß er sich, an diesem Orte sein vorhabendes Gebäude auszuführen. Weil er aber damahls noch kein Mitglied des Raths-Collegii war, sondern zu dieser Würde allererst Anno 1470. bey der am Tage Ægidii hergebrachten Raths-Wahl gelangte: auch über dieses, nach dem damahligen Zeiten-Lauffe zu Unternehmung eines solchen Baues, entweder des Bischofs zu Meissen, oder wenigstens seines Gevollmächtigen Vicarii Erlaubniß benöthiget war: mußte er seinem Vorhaben einige Jahre Anstand geben. Da er also inzwischen Anno 1476. nach dem damahls gebräuchlichen Wechsel in dem Rath-Stuhle, feyerte; kam ihm ein neuer Eifer an noch einmahl ins gelobte Land zu reisen, und die ehemals gemachten Grund-und Schatten-Risse des Hierosolymitanischen Heiligen Grabes recht genau, nach dem Original zu untersuchen, und wo sich

ein

)( 4

ein Fehler finden möchte, solchen auszubessern. Derowe-
gen zog er wieder mit vorerwehnter Gesellschaft dahin, und
als er auch nun von dieser seiner andern Reise gar gesund
und glücklich wieder bey den Seinen angelanget: hat er
Ao. 1480. bey des Meißnischen Bischofs Johannis V.
aus dem Geschlechte derer von Weißbach, damahligen
Vicario zu Budißin, D. Caspar Mariana, einem ge-
bohrnen Görlitzer, die Erlaubniß, seinen vorhabenden Bau
ins Werck zu setzen, ausgewürcket. Darauf denn alle er-
forderte Materialien nach ereigneter Zeit und Gelegenheit
herbey geschaffet, zubereitet, und also das gantze Werck
Anno 1489. durch den Werck-und Bau-Meister Blasium
Böhrern erbauet, und in seinen völligen Stand gebracht
worden ist.

Wer die gantze Connexion dieses zur Erinnerung
des Todes und der Auferstehung unsers Heylandes angesehenen Gebäudes, wissen will;
der kan dieselbe in folgendem kurtzen
Entwurffe mercken.

Von der Haupt-Kirche zu S. S. Petri und Pauli,
unter der man sich das Richt-Haus Pilati einzubilden
hat, gehet man bis zu der vor dem Nicolai-Thore über
die Brücke lincker Hand, an der Lunitz stehenden stei-
nernen Capelle, 286. Schritte; da man denn hieraus ab-
nehmen soll, daß unser Heyland sein schweres Creutz eine
solche Weite erst gantz allein habe tragen müssen: So-
dann gehet man von dar weiter zum Creutz-Thor hin-
aus, bis an die Thüre des das Heilige Grab in sich haltenden eingeschränckten Platzes, zur lincken Hand, aller-
nächst an der Strasse aufgerichteten steinern Capelle. Dieser Weg beträgt eine Länge von 647. Schritten: und
bedeutet daß Simon von Cyrene dem liebsten Heylande
sein sehr schweres Creutz so weit habe tragen helffen. Von
dar steiget man 37. Schritte in die Höhe, bis zu den, die
auf dem Berge Calvariä eingesenckt gewesenen drey Creutze
vorstellenden 3. Linden, unter denen die zur lincken
Hand

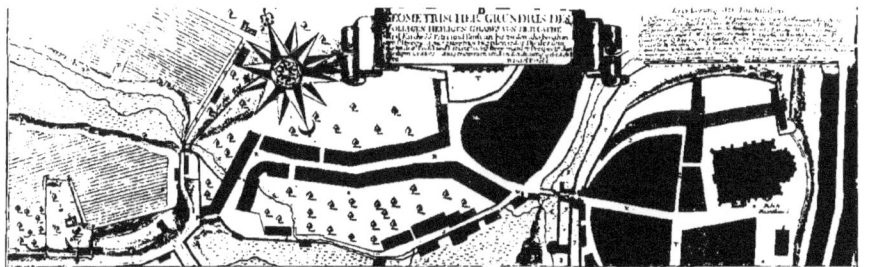

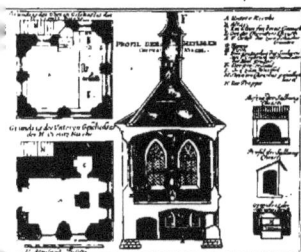

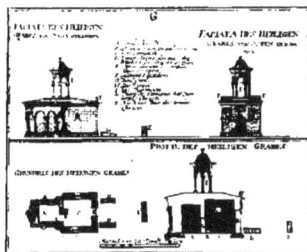

Hand verdorret, und eine Erinnerung des unbußfertigen Schächers ist. So weit hat der liebste Heyland sein Creutz wiederum allein tragen, und also insgesammt von, dem Richt-Hause Pilati, bis an den Ort seiner Creutzigung, einen Weg von 970. Schritten gehen müssen. Von diesen die 3. Creutze bedeutenden **Linden,** gehet man zu der Kirche zum **Heil. Creutze.** Diese ist zwar ein kleines, aber doch gantz maßiv-steinernes Gebäude. Die äussere Länge beträgt sechzehen und drey viertel Ellen. Die Breite aber dreyzehn und drey viertel Ellen. Es bestehet aus zwey Etagen oder Stockwercken. Und zwar die unterste aus einer gewölbten und an der **Ost-Seite** mit einem Altar versehene Capelle, so das Senaculum der über den unschuldigen JESUM ihren verdammten Mord-Rath haltenden Hohen-Priester, Pharisäer und Schriftgelehrten bedeuten soll. Allhier stehet ein mit Eisen beschlagener Kasten, zum Gedächtniß dessen, darein Judas, bey Angstvoller Erkänntniß seiner, an dem theuersten JESU unverantwortlich begangenen Verrätherey, die empfangene 30. **Silberlinge** wiederum zurücke geworffen hat. Ein Silberling hieß ehemahls unter den jüdischen Müntzen ein Seckel, und galt einen halben Thaler. Auf der einen Seite stund die grünende Ruthe Aaronis, mit der ebräischen Umschrift, die auf deutsch: **Das heilige Jerusalem;** Auf den andern aber, war ein Rauchfaß; mit den Worten: **Ein Seckel Israelis,** zu sehen. Man kan hievon einen Abguß in Silber oder feinem Zinn bekommen. Sonst waren die Wände dieser Capelle in vorigen Zeiten durch unzählige angeschriebene Nahmen derer, so den Ort in Augenschein genommen, verunstaltet; Nachdem aber E. **Hoch-Edler Magistrat** vor einigen Jahren durch sorgfältige Veranstaltung der Herren Curatorum, alles wieder renoviren lassen, ist nunmehro die löbl. Verordnung gemacht, daß die Wände mit dergleichen Schriften verschonet bleiben, und die ihr Andencken zu hinterlassen begierige Passagiers ihre Nahmen in ein darzu verordnetes Buch einschreiben. Hinter dem Altar dieser Capelle hat die von gehauenen Quater-Steinen aufgeführte Mauer einen von oben bis auf den Boden gehenden künst-

lichen

lichen Riß, zum Andencken des, bey dem Tode JESU zerriffenen Vorhangs im Tempel, zerborftenen Felsen und anfgefprungenen Gräbern. Gegen Mitternacht ist ein Gewölbgen, worinne als in einem Kercker dort der HERR JESUS so lange verbleiben müffen, bis alles zu feiner Creutzigung vorhero zubereitet worden. In den vorigen Zeiten war in diefer Capelle ein hölzern Bild des gecreutzigten Heylandes, welches man damahls alle Char-Freytage Proceßions-weise in das Grab Chrifti zu tragen und zu legen pflegte. Aber Anno 1537. den 4. Julii, Montags nach dem Fronleichnams-Fefte, fchlug diefem Bilde das Wetter das gecrönte Haupt gantz ab, und zertheilte den übrigen Leib, der Länge nach, mitten von einander. Der Donnerftrahl hat oben durch den Knopf und das Dach und durchs Gewölbe gefchlagen, wie davon in langer Zeit noch einige Merckmahle vorhanden gewefen. Wenn man aus diefer unterften Capelle in die obere Etage gelangen will: muß man eine Treppe von 18. Stuffen fteigen; fodann kömmt man gleichfalls in eine faubere Capelle, welche den gepflaftertten Saal bedeuten foll, in welchem CHriftus mit feinen Jüngern das Ofter-Lamm genoffen hat. Man fiehet alfo in diefem Zimmer eine zwey und eine viertel Ellen lange und drey viertel Ellen breite Rinne, dergleichen die Juden an denen Orten, wo fie das Ofter-Lamm fchlachteten, zu haben pflegten. Ebener maffen fiehet man auch drey ins Pflafter tief eingehauene Löcher, welche die Diftanz der drey Creutze bedeuten follen. Dabey zugleich erinnert wird, daß die Juden ihre Miffethäter fo gecreutziget, daß fie nicht das Gefichte gegen Often auf die Stadt Jerufalem zu, fondern gegen Weften von derfelben weg gekehret haben. Gleichergeftalt ift die Gröffe der Tafel in Stein gehauen zu fehen, darauf des Pilati über das Creutz geheftete Schrift geftanden. Solche beträgt in der Länge drey viertel Elle, und in der Breite eine halbe Elle. Ferner fiehet in diefer obern Capelle ein fteinerner Tifch, der vorbilden foll, wie auf dergleichen Tifche der Welt Heyland mit feinen Jüngern das Ofter-Lamm gegeffen, und feine letzte Rede gehalten. Andere wollen auch dafür halten,

ten, als ob auf dergleichen Tische beym Berge Calvariä die Krieges-Knechte um des HERRN CHRISTJ Rock das Looß geworffen hätten. An der einen Seite desselben befindet sich auch ein mit einem Gegitter verwahrtes vier-eckichtes Loch, darinnen Würffel zu sehen; anzuzeigen, daß die Kriegs-Knechte um des gecreutzigten Heylandes Gewand das Looß geworffen haben. Die Würffel aber, so zuerst von Silber waren, hat in dem dreyßigjährigen Kriege ein Schwedischer Soldat, von der ehemals hier in Guarnison gelegenen Wanckischen Besatzung, entführet. Allein König Carolus XII. bezeigte bey seiner Zurückreise aus Sachsen Ao. 1707. bey Besuchung dieses Heil. Grabes, sein Mißfallen über dieser dem Schwedi-schen Nahmen so nachtheiligen Erzehlung; gab auch selbst eine Verehrung darzu, mit diesen Worten: Saget nun-mehr, daß sie von einem Schweden wieder an-geschaffet sind. Welches auch hernach erfolget ist. So siehet man auch hier oben an der Süd-Seite des Herrn Fundatoris Bildniß, von dem die, dieser Beschreibung beygefügte in Kupfer gestochene Copie genommen, ist. Und endlich präsentiret sich an der Wand, sowol gegen We-sten als Osten, ein steinern Denckmaal, das dem berühm-ten George Emerich zu Ehren, von seinem Enckel, Herrn Johann Emerich Anno 1578. bey der von ihm da-mahls veranstalteten Reparation, aufgerichtet worden: welches man auch hier zu desto mehrerm Andencken mit beyfügen wollen.

An der Ost-Seite des mittlern Geschosses stehen in der Höhe die Worte aus dem 18. Ps. v. 20.

Der HErr führete mich aus in den Raum; Er riß mich heraus, denn er hatte Lust zu mir.

Unter diesen Worten stehet das Emerische Wappen in Stein gehauen, und darunter diese Schrift:

Dem Edlen George Emerichen, Rittern, wel-cher, demnach er mit einem Werckmeister und sonst zweyen Gefehrten, ins heilige Land und gen Jerusalem gezogen, allda zum Ritter über dem Heiligen Grabe, im Jahr 1465. den 11. Julii geschlagen, nach vieler zu Land und Wasser erlittener Gefahr, da er solche Reise vollbracht, und zu

ben Seinen, beym Leben seines Herrn Vaters, glücklich
ankommen, diese Kirche zum Heiligen Creutz und hierbey
das Heilige Grab, wie es dort abgerissen, ihm und seinen
Nachkommen zum Gedächtniß, auf seine Kosten erbauet;
und hernach dieser-Stadt Raths-Herr bis ins 36ste Jahr,
auch fünfmal Bürgermeister gewesen, zuletzt im Jahr 1570.
den 21. Jan. in GOtt selig entschlaffen.

  Diesen Stein hat Hans Emerich, Johansen Sohn
    Herren Georgen, Ritters, Sohnes Söhn, seinem
    wohlverdienten HerrnGroß-Vater, allhier zur
    Nachrichtung wollen setzen lassen.

     Memoriæ Justorum benedicitur.

Unten ist die Grab-Legung CHristi abgeschildert. An
der West-Seite ist dieses lateinische Denckmaal zu sehen,
das auf die im Emerischen Wappen befindliche Syrene
zielet:

D. O. M. S.

Sirenum instar habent ignavo perdita luxu
    Lustra, domus, sylvæ rura, popina, venus,
Quæ fugiens, Emerice, cava trabe cærula sulcas;
    Multa solô passus, multa pericla salô.
Ergo sedens virtus, rediviva ad busta JEHOVÆ
    Donatum merito vexit honore Domum.
Ut non parcus opum, patriæ hæc monumenta locares;
    Virtutis figens celsa tropæa tuæ.
Sic geminas tendens palmas, passoque capillo
    Victam se Syren sub tua jura dedit.
*Imitare Virtutem, non æmulare.*
    *Virtutem colere par est, non invidere.*
    A. C. cIɔ Iɔ LXXVIII. Mense quarto.

  Darunter stehet die vorhergehende deutsche ins Latein
übersetzte Schrift.

O. S.

GEORGIO EMERICO, Equiti nobilissi-
mo, qui cum opifice, & duobus eum sequen-
tibus

tibus comitibus, in Palæſtinam profeĉtus, ibique militári & equeſtri dignitate ſuper ſepulchrum Chriſti Anno cloccc. LXV. D. XI. Menſ. Jul. donatus eſſet: poſt tot exhauſtos terra marique labores, tanto itinere confeĉto, cum dòmum ad ſuos, patre adhuc ſuperſtite, revertit; tum ſacellum hòc S. Crucis, vicinumque Cenotaphium, ad exemplum expreſſum: ſibi & Poſteris fieri fecit. Ipſe deinde Reipublicæ hujus ſenator ad annos XXXVI. Conſ. V. finem vitæ clauſit A. clɔ lɔ. VII. d. XXI. Menſ. Jan.

*Johannes, Johannis Filius.*
*Georgii Equitis nepos Emericus.*
Avo B. M. p. curavit clɔ lɔ LXXIIX.

Unter dieſer Schrift iſt das Oſter-Lamm, ſo unſer Heyland mit ſeinen Jüngern genoſſen, abgebildet.

Von dieſem mit einem zierlichen erhabenen Thürmlein gezierten Kirchlein, gehet man nun etliche Schritte Weſt-Nordwärts zu einem niedrigen, und mit einem eiſern Gegitter verwahrten ſteinern Gehäuſe, darinnen die von Nicodemo, Maria, und andern frommen Perſonen geſchehene Salbung des vom Creutz genommenen Leichnams Chriſti vorgeſtellet iſt. Das Werck iſt ſehr künſtlich aus dem Gantzen aus Stein gehauen, und bedeutet die Diſtanz, wie weit der vom Creutz abgenommene Leichnam Chriſti getragen worden, nemlich 36. Schritt, ehe man ihn von ſeinen Blut-Striemen geſäubert, geſalbet, und in Grabe-Tücher eingewickelt hat.

Von dieſem Gehäuſe wendet man ſich Nord-Weſtwärts, und gehet 44. Schritte, bis zu dem, das Heilige Grab ſelbſt vorſtellende ſteinerne Gebäude. Solches iſt gleichfalls gantz maßiv von Quater Steinen aufgeführet, und beträgt in ſeinem gantzen Umfange 10. Claftern: in der Länge 10 und eine halbe Elle, und in der Breite 6

und

und 5 achtel Ellen: in der Höhe auch 6 und 5 achtel
Ellen.    Oben in der Mitte des Dachs ist ein artiges von
6 Säulen aufgeführtes, und mit einer runden Kappe zu-
gedecktes 5 Ellen hohes Thürmlein.

Die Thüre zum Eingange stößt gegen Morgen, und
hat zu beyden Seiten zwey große Steine in die Länge,
auch weiter hin noch einen größern die Quere liegen, zum
Andencken desjenigen, der vor des Josephs von Arimathia, in einen Fels gehauenes Grab, in welches Christi
Leichnam geleget gewesen, damahls geschoben worden,
und derer, worauf die Wächter gesessen.    Neben der
Thüre zu beyden Seiten sind auch die Riegel, und über
derselben Pilati, wie auch der beyden Hohen-Priester,
Hannä und Caiphä Siegel durch drey in Stein ausge-
hauene Quadrate angedeutet, mit denen erwehntes Grab,
theils aus gewöhnlicher Vorsorge, theils auch auf der
Juden ungestümes Anhalten, verwahret gewesen.    Ingleichen zeiget sich auch auf dem Grabe an beyden Ecken
eine Vorstellung der Specereygefässe, deren sich die drey
gottseligen Frauen, so den Leichnam JESU nochmahls
in seinem Grabe zu salben gesonnen waren, nach dem damahls üblichen Gebrauche, bedienet haben.    Ob nun
wohl das gantze Gebäude von aussen eine von Osten gegen Westen länglich runde Bildung präsentiret: so ist es
doch inwendig bey nahe gantz viereckicht. Es bestehet aus
zwey unterschiedenen Gemächern: das erstere oder vor-
dere dienet zu einem bloßen Vorgemach, und hat zu beyden Seiten gegen Mittag und Mitternacht ein klein Fen-
sterlein, dadurch das Licht hinein fällt. Zur lincken Hand
dieses Vorgemachs gehet man durch ein zwey-und ein
achtel Ellen hohes Thürlein in das Heilige Grab selbst
hinein.    Zu dieses Thürleins rechter Hand liegt ein vier-
eckichter Stein, zum Andencken desjenigen, darauf der
Engel gesessen, der denen ihres JESU Leichnam zu salben gesonnenen frommen Weibern seine Auferstehung ver-
kündiget hat. Das Heilige Grab selbst ist drey und drey
achtel Ellen lang, drey und ein achtel Ellen breit, und
sechs und ein viertel Ellen hoch.    Ohnweit davon wird
mit der Nordwärts liegenden Höhe ( wie schon vornen
erweh-

erwehnet) der Oelberg abgebildet: dahero stehet oben
ein Baum, wo CHristus gebetet haben soll, und von dar
eines Steinwurfes weit, ist ein viereckichtes Rasen-Plätz-
gen, das den Ort bezeichnet, wo Er die drey mit sich
genommenen Jünger gelassen und dieselben geschlaffen
haben.

Dieses ist also kürtzlich die Beschreibung, des in un-
serer Nicolai-Vorstadt, zum Andencken des Todes und
der Auferstehung CHristi damahls von erwehntem Herrn
George Emerich, angegebenen und bewerckstelligten
Gebäudes. Wie aber nichts ist, was nicht mit der Zeit
vergehet und verdirbet; also würde auch dieses denckwür-
dige und nunmehro schon fast drey Jahrhunderte stehen-
de Denckmaal schon längst in schlechtem Stande seyn:
wenn nicht von einer Zeit zur andern vor dessen Erhaltung
gesorget worden wäre. Denn Anno 1578. ließ (wie bereits oben gedacht worden) dieses Heilige Grab, Herr
George Emerichs Enckel, Herr Johann Eme-
rich, auf seine Kosten wieder anrichten, und den, in den
verstrichenen Kriegs-Zeiten dreymahl durchschossenen
Knopf von dem Thurme des Creutz-Kirchleins nehmen, und einen andern mit einer Denck-Schrift angefüll-
ten neuen Knöpf aufsetzen; ingleichen das Dach, so hie-
bevor nur von Schindeln gewesen, mit Ziegeln belegen.
Da auch Anno 1660. den 19. Dec. am vierten Advent,
der damahls sehr große Wind das Thürmlein von diesem
Kirchlein herunter stürtzte, so wurde dasselbe 1670. den
8. Aug. wieder aufgerichtet, und 4 Ellen höher gebauet.
Und überdiß, als einstens weyl. Herr Johann George
Alters von Rosenau, Kayserl. Ober-Bier-und Gefälle-
Einnehmer der Fürstenthümer Troppau, Jägerndorff und
Teschen, bey seiner ehemahligen Durchreise zu Görlitz,
unser Heiliges Grab beschauet, ist Selbter, bey Wahr-
nehmung dessen zeitheriger und baufälliger Erhaltung,
bewogen worden, in seinem den 16. Mart. 1690. aufgerichteten Testament ex speciali devotione ein Vermächt-
niß an 300. Kayser-Gulden zu legiren. Und nachdem man
dieses Geld von dort den 22. Oct. 1691. zur hiesigen Kir-
chen-Casse richtig einlieferte: so ließen Anno 1707. nicht

minder

minder die damahligen Herren Curatores, bey deſſen höchſt-
nöthiger Reparation, alle Stücke von innen und auſſen
wieder gar ſchön renoviren, und zugleich den gantzen Um-
fang mit einer Wand von Brethern umgeben.

Sonſt hat man ſchlüßlich dem geneigten Leſer noch
errinnern wollen, daß dieſes zum Gedächtniß des Todes
und der Auferſtehung Chriſti eigentlich geſtiftete Görlitzi-
ſche Monument oder Heilige Grab, nicht eine Copie des
von Joſeph von Arimathia ſelbſt in ſeinem am Berge
Golgatha gelegenen Garten veranſtalteten, noch von der
Kayſerin Helena, oder vielmehr Kayſer Constantino M.
ſelbſt, erbaueten Heil. Grabes iſt: Denn das erſtere iſt
von den Römern zur Zeit T. Veſpaſiani und Adriani, das
andere aber von den Saracenen und Tartern zerſtöret
worden; ſondern es iſt nur eine Vorſtellung des nachmahls
von den Chriſtlichen Ordens-Leuten wieder aufgebaueten,
ſowohl damahls, als auch noch heute zu Tage, in
ſolchem Stande befindlichen Werckes. Wie, auſſer den
alten Reiſe-Büchern nach dem gelobten Lande, aus des
von Neitſchütz, Dappers, Stammers, Troilo, Theve-
nots, und anderer herausgegebenen Beſchreibun-
gen mit mehrern erſehen werden kan.

www.ingramcontent.com/pod-product-compliance
Lightning Source LLC
Chambersburg PA
CBHW031159090426
42738CB00008B/1393